AF562374

LARCHER

A

DE LAMARCHE,

Directeur général de la fabrication des Assignats.

JE répondrai aussi brievement que possible à la longue diatribe que vous avez adressée contre moi à vos concitoyens, qui sont aussi les miens, en réponse aux pièces que jai fait imprimer contre votre administration, et que j'ai remis au comité des assignats.

Je vous ai attaqué comme homme public dont les plans et la conduite me paroissent contraires au bien général; et vous, vous m'attaqués, moi, simple particulier, dont l'influence est nulle, et qui n'en peut avoir que comme membre de la République, qui dit ce qu'il pense. Depuis près de trois mois je vous ai dénoncé au Ministre Clavière qui a fait le sourd, ce qui m'a forcé de porter ma dénonciation au Comité des Assignats. Voilà la conduite que j'ai tenue ; elle n'est pas *nébuleuse, ni ne tend à provoquer l'insurrection.*

Vous voulés m'arracher, dites-vous, le masque du patriotisme ; c'est une peine inutile : je ne l'ai jamais porté comme tant d'autres, et je me montre toujours tel que je suis.

Quand j'ai formé le projet de dénoncer les abus et les vols qui se sont commis sous votre direction, il n'étoit pas encore question de supprimer le numérotage, et je ne le croyois pas possible.

Quand j'ai écrit contre la suppression du numérotage, c'est que cette mesure m'a paru totalement impolitique, fausse, et sur-tout très dangéreuse pour nos finances ; mon cœur conduisoit ma plume, et non pas, comme vous dites, mon *inique et odieuse avidité*. En effet, on rira quand on saura que cette avidité fatale se bornoit à gagner 7 liv. 10 sous par jour de travail seulement.

Vous demandez où sont les preuves de civisme de vos dénonciateurs; je vais vous offrir les miennes, moi qui en suis un.

Le 13 juillet 1789, je me suis levé, avec

tout Paris ; mais, comme il n'est pas décent de parler de ce qu'on a fait, je vous renvoie aux archives du District et Bataillon de St.-Leu, et ensuite de la Jussienne ; vous verrés si l'on a quelque chose à me reprocher dans les places qui m'ont été confiées, dans les commissions qui m'ont été données, et dont aucune n'étoit à argent ; et si quelqu'un des anciens camarades que vous cités, ose avancer que les principes que j'ai toujours professés ne sont pas ceux d'un bon Citoyen, d'un homme qui respecte les loix, et qui méprise les intrigans et les inciviques, je dirai que c'est un . . . de Lamarche ; car je ne connois rien de plus vil.

Dans cette année, j'ai fait trois voyages dans la Belgique, pour des affaires d'intérêt dont on m'avoit chargé. J'y ai toujours défendu la Nation Française qu'on ne cessoit de calomnier ; j'ai combattu l'opinion des Émigrés ; je n'étois lié qu'avec des gens dont les droits de l'Homme sont la religion. J'ai failli y être arrêté en Juin dernier, et depuis j'ai obtenu l'honneur de la proscription par le gouvernement de Bruxelles. Demandés au Comité Belgique, il est meilleur juge en patriotisme que vous !

Voulez-vous me connoître mieux ? Je vais

vous mettre à même, en remontant plus loin. J'ai servi fort jeune dans le régiment de Navarre, infanterie; j'ai fait les campagnes d'Hanovre. Quelque tems après la paix, j'ai passé dans l'Inde, et depuis 1766 j'ai armé et commandé des vaisseaux de Commerce. Deux fois j'ai été prisonnier des Anglais dans la dernière guerre, et *mon odieuse avidité* se borneroit aujourd'hui à prendre ma revanche en les combattant, s'ils se décidoient à nous faire la guerre. J'ai été prisonnier d'état par l'autorité arbitraire d'un ci-devant vicomte de Souillac, émigré, qui étoit gouverneur général de l'isle de France; parcequ'en 1776 j'avois prouvé a son prédécesseur que les droits de l'Homme étoient gravés dans mon cœur, et que j'étois né pour la liberté. Il y a ici des témoins irréprochables, en présence desquels je vous mettrai, si vous le voulés. Le ci-devant maréchal de Castries m'a jugé à demi, comme cela se pratiquoit alors; il m'a déclaré que je n'étois pas coupable, et n'a pas voulu que je prisse à partie mes persécuteurs, parcequ'ils étoient nobles à trente-deux quartiers et en place, et que je ne suis qu'un simple roturier, dont l'âme est de feu pour ma Patrie. Vous voyés que je ne suis pas un Patriote de circonstance, et que la révolution étoit faite chez moi avant que vous fussiés en état d'enseigner à lire. Vous rougirés un jour de m'avoir calomnié, si toutes-fois, vous le pouvés.

Je demande pardon d'avoir parlé si long-tems de moi, et je reprends la discussion de votre diatribe.

Je n'ai accusé aucun Signataire et Numéroteur d'infidélité, d'opulence, ni de mauvaises mœurs : je n'ai accusé que vous d'incivisme et d'incapacité. Je vous ai jugé tel, et jusqu'à ce que vous ayez prouvé, non pas au Comité des Assignats seulement, mais à toute la République Française, ce qu'est devenu le paquet de 20,000 livres en asssignats de 200 livres, série F, justifié quel sujet vous a déterminé à écrire à la papeterie que le papier assignat vous soit envoyé directement, et non aux Archives comme il est décrété, démontré raisonnablement les motifs qui vous ont fait annoncer chez Arthur que la banqueroute étoit infaillible, je vous jugerai toujours de même. Vous n'avés donc jamais calculé sur les bancs du collège les grandes ressources de la République Française ? Petit homme ! un État comme la France faire banqueroute, parceque les ennemis du bien public étoient à la tête du gouvernement ! Est-ce que vous ne savez pas que les ennemis passent, qu'il en passera d'autres encore, et que vous passerez aussi vous-même ? mais il viendra des hommes et tout se réparera.

Les pétitionnaires n'ont pu vouloir désigner, comme vous le dites, un paquet de 5,000 livres en assignats de 5 livres qui a manqué suivant vous, sous l'ancienne administration, car je suis autorisé à vous soutenir que c'est une imposture.

J'ai dit que, comme tout ce qui sort de la main des hommes peut être imité par d'autres, il est un grand moyen qui garantit la fortune publique, c'est la signature, le numérotage ; et vous ajoutés ironiquement *qui apparemment ne sortent pas des mains des hommes :* homme sans pudeur, et de mauvaise foi, vous n'avés pas voulu achever la phrase, parceque vous n'y trouviés pas votre compte ; je vais la rétablir, et j'ai dit : c'est la signature, le numérotage, ET SUR-TOUT L'ENREGISTREMENT QUI EN EST UNE SUITE INDISPENSABLE ; car l'enregistrement met la fortune publique à l'abri des contrefacteurs, et quoiqu'il soit fait à la main, ils ne peuvent en disposer.

Il est faux que l'enregistrement et le numérotage soient deux opérations indépendantes l'une de l'autre ; si vous vous y connoissiés mieux, vous sauriés que le signataire des assignats signe aussi le livre d'enregistrement *en marge vis-à-vis les numéros posés sur les Assignats qu'il a signés*, et que, lors de la décharge, on fait correspondre la signature et le numéro des Assignats qui y sont présentés avec la signature et le numéro portés au livre d'enregistrement ; et voilà le grand moyen que j'ai annoncé devoir garantir la fortune publique, parce-qu'il est indépendant des contrefacteurs.

Puisqu'on a trouvé *une espèce d'utilité* à rétablir le numérotage sur les assignats de 400 liv. pourquoi n'avés-vous pas vu la même *espèce d'utilité* pour ceux de 25 et de 10 liv. ? Est-ce qu'ils ne s'envoyent pas fréquemment d'une ville de commerce à une autre ?

Vous dites qu'on a préféré le numérotage et la signature à la presse, parcequ'ils sont moins coûteux : si vous étiés un homme de qui on pût attendre la vérité, je vous demanderois combien coûte votre mécanique pour signer et numéroter à la presse, et les répétations qu'on est obligé d'y faire journellement ? et je mettrois en comparaison la preuve par le calcul, que la fabrication des six cent millions d'assignats de 400 liv, décrétés, n'auroit coûté, pour les signer, numéroter à la main, et les enregistrer au prix que nous étions payés, que 20,000 liv. et ils eussent été faits en cinq jours, si l'Administsation l'eût demandé.

Je n'ai jamais déprécié la valeur des assignats, comme vous me le prêtés, bien au contraire ; j'ai seulement dénoncé votre conduite dans cette confection ; je n'ai jamais dit que la dépense du numérotage à la main étoit considérable ; je n'ai jamais dit que l'État devoit se trouver heureux de *me* faire faire à un prix très cher un ouvrage inutile ; je n'ai jamais parlé pour moi comme vous le prétendés, mais toujours pour la chose publique ; tous ces mensonges sont sortis sans peine de votre cœur pourri ; et pour le prouver, je vous renvoye à la page 12 de mes ÉCLAIRCISSEMENS que vous cités ; il n'en est aucunement question : j'ai encore moins pensé *à réclamer la charité de la République* : mes services sont à elle, qu'elle m'employe à combattre les ennemis extérieurs, et ceux encore plus dangéreux de l'intérieur, je ne lui demanderai pas des gages *qui me fassent rouler en cabriolet.*

Comparés avec sang-froid, de Lamarche,

votre

votre situation présente à celle où vous étiés avant qu'on vous eût chargé de la distribution des gros sols et des Assignats de 5 liv., alors vous étiés un modeste petit garçon, et à l'âme près, on vous eût pris pour un vrai Sans-culotte ; aujourd'hui vous êtes un fourbe impudent, car vous me faites dire ce que je n'ai jamais pensé.

Vous me taxés de jouir d'une *forte aisance ;* vous n'êtes pas heureux en citations vraies, mais ce mensonge n'est préjudiciable qu'à moi : venés dans mon intérieur, et vous verrés si j'ai à me reprocher *de vivre aux dépens de l'indigent vertueux :* vous verrés un homme autant au-dessus de vous par son patriotisme et sa loyauté qu'il y a de distance entre la vérité et vous.

Vous attaqués mon défenseur Officieux, James Rutledge, je sais pourquoi : vous ne devés pas l'aimer, il est en possession de démasquer les Genevois et tout ce qui les entoure. Vous savés avec quelle vertueuse constance il a poursuivi Necker, lorsqu'il étoit encore l'idole de la Nation ; ce que je puis vous dire, c'est qu'il est connu par ses lumières et son patriotisme, et que votre opinion sur lui ne peut l'atteindre.

Je ne vous fais point *un crime de n'avoir*

pas prévu à l'avance la journée du 10 Août, mais je vous accuse d'avoir été aux Thuilleries le 9 à huit heures du soir et d'y avoir passé la nuit dans l'intérieur ; je demande à voir la déclaration du Citoyen Westermann, et sur-tout comment vous l'avés eue ; justifiés à toute la France comment vous avés échappé au mandat d'arrêt du Comité de Surveillance. Le Citoyen Westermann n'a dit du bien de vous que sur l'attestation du Citoyen Défieux ; il est Républicain trop loyal pour démentir cette assertion : je vous défie de présenter une déclaration de Défieux ou d'autres patriotes comme lui qui atteste que vous êtes un vrai Républicain, que vous n'étiés pas tous les jours au Château des Thuilleries, que vous n'étiés pas à la tête des grenadiers séduits dans la nuit du 9 au 10 ; et je vous demande, si le ci-devant Roi n'avoit pas quitté les Thuilleries, n'auriés-vous pas tiré sur le peuple ?

Je suis si peu effraié de mes assertions que je les renouvelle, et les renouvellerai jusqu'à ce qu'il me soit bien prouvé que les finances de la République ne courrent aucun risque en vos mains : toutes vos puérilités et vos impostures ne pourront abuser que les personnes qui ne sont pas au fait.

Je ne suis point le Domquichote de Saint-Cyr, Marchand, et la Porterie; je ne connois point leur opinion politique: que l'un ait été Brigadier des Armées, l'autre Secrétaire d'un Ambassadeur, et que le troisième se soit décoré du titre de Comte, ils peuvent être bons Citoyens, puisque vous qui étiés Régent de Collège, vous voulés qu'on croie que vous êtes un bon patriote: ils ont signé le mémoire comme les autres dont vous ne parlés pas: je dois vous faire part que l'exception que vous avés faite en note du Citoyen Dastugues, ainsi que l'éloge que vous faites de lui ne l'ont pas flatté; la lettre ci-jointe qu'il m'a écrite en est la preuve. (*)

(*) Citoyen, j'ai lu avec surprise l'exception en ma faveur insérée dans la première page de la réponse du Directeur général des Assignats.

Je n'ai qu'un mot à vous dire, & à mes co-signataires. *Je ne l'ai sollicitée, ni fait solliciter.* J'ai signé des dénonciations qui compromettoient la fortune publique. Je les ai cru fondées; mon opinion à ce sujet changera difficilement, mes principes jamais.

Par-tout où je verrai le Citoyen dangereux à ma Patrie, par-tout où je le soupçonnerai même, je le poursuivrai aux dépends de ma vie... et s'il le faut, de ma *réputation*. DASTUGUES.

Paris ce 21 Décembre 1792.

L'an premier de la République Française.

Vous ne devés pas vous reprocher d'avoir continué dans le tems la Porterie dans son emploi ; il m'a dit, le brutal ! vous l'avoir arraché d'une manière frappante que je n'approuve pas, et que je tairai pour votre honneur ; et il n'est pas le seul à qui ce moyen ait réussi.

Adieu, de Lamarche, je ne vous répondrai plus, car l'impression de cette réponse, malgré *une forte aisance*, va me procurer un mois de diète ; ce sacrifice est léger pour un patriote, quand il s'agit de l'intérêt de la République : faites gémir les presses, dites à toute la terre que vous êtes un bon Citoyen, UN HOMME DE COURAGE, et que je suis un incivique et un méchant ; on aura peine à vous croire, dites le toujours ; mais n'oubliés jamais qu'il ne peut exister aucune espèce d'analogie entre un Marin habitué à la franchise et à la vérité, et un Régent de Collège qui a toujours professé l'absurdité et le mensonge.

LARCHER.

Paris ce 22 Décembre 1792.

L'an premier de la République Française.

OPINION

Sur la réponse imprimée au nom de de Lamarche, Directeur général de la fabrication des Assignats.

LE défenseur soussigné a lu ce pamflet avec l'espèce d'attention qu'il mérite. Il estime, & il présume qu'il aura peu de peine à faire toucher au doigt & à l'oeil, que, de deux choses l'une: ou l'ex-professeur de Lamarche mérite l'espèce de châtiment qu'il faisoit ci-devant infliger à ses écoliers, ou il est dans le cas d'encourir l'attention la plus sévère de la part du Senat National.

1°. L'exprofesseur de Lamarche dit que Larcher *a dirigé* contre le Ministre (CLAVIÈRE), contre lui-même (DE LAMARCHE) & contre la Convention nationale, un recueil de pièces.

Distingo, M. l'habitué de collège! dirigé contre vous? Sans doute. Dirigé contre le Génevois Clavière? Eh! Pourquoi non!

Clavière, le Génevois, ne vous a-t-il pas mis à la tête de la FABRICATION? Ne vous y maintient-il pas?

Contre la Convention nationale? Ceci est une autre affaire: si cette Convention soutenoit Clavière, comme Clavière vous soutient, sans contredit on pourroit dire sa pensée sur elle, comme Larcher l'a dit sur vous.

Cela deviendroit non seulement licite, mais indispensable & de devoir, dans le cas sur-tout où, en se réalisant, la banqueroute que vous avés publiquement prophétisée, viendroit à manifester les conséquences naturelles & les raisons efficientes & secrettes, des suppressions dont vous avés été, vous de Lamarche, l'inspirateur, & dont vous êtes l'apologiste.

Judicieux & profond ex-professeur! Vous vous êtes attaché ensuite à prouver que mon client Larcher n'est point patriote. Sur cet article, Larcher vient de vous répondre. Et en honneur, je l'ai trouvé bien bon! Mais moi, qui peut-être suis un peu moins bon, je vous dis que fait à cette question, *la suppression du numérotage & des signatures sur les assignats doit-elle en diminuer ou en augmenter le crédit?* Que fait, vous dis-je, à cette question, le plus ou le moins de patriotisme personnel de Larcher?

Déprécier la valeur des Assignats, poursuit de Lamarche, *c'est une tentative contre-révolutionaire.*

Si de Lamarche, qui ci-devant déraisonna par privilège dans une des chaires de l'Université de Paris, aujourd'hui ne déraisonnoit par commission ministérielle, nous lui demanderions quel est celui qui véritablement déprécie la valeur des Assignats? Est-ce celui qui demande que l'identité des plus petits Assignats, ni plus ni moins que l'identité des plus gros, soit attestée & garantie par une signature de plus d'une part, & par le numérotage propre, d'une autre part, à établir la liaison de chacun des petits Assignats à une série déterminée? Ou bien est-ce l'expédant collégial qui a sollicité pour la suppression de ces deux précautions matérielles incommodes?

Nous demanderions si c'est lui, lui de Lamarche, exprofesseur, si c'est Clavière le Genevois, de qui les deux frêles individus, & les têtes bien plus étroites que les consciences, sont capables de transmettre une valeur aux Assignats?

Eh! dieu sait quelle déplorable hipothèque offriroient la renommée d'un agioteur forain, ou le caractère moral d'un échapé de la poussière scolastique.!

Heureusement la valeur communiquée aux Assignats, c'est la masse des biens nationaux : en conséquence, nous croyons que bien loin d'être un délit, c'est, au contraire, une oeuvre méritoire, & efficacement tendante au maintien du crédit des Assignats, que celle par laquelle Larcher & consors se sont opposés à une suppression, dont le résultat seroit de faciliter, non seulement la falsification des Assignats, mais leur multiplication, incomparablement plus dangereuse.

De Lamarche dit une folie, lorsqu'il articule du ton de Necker, que la raison du maintien du numérotage & de la signature sur les gros Assignats, dérive de la nécessité de leur circulation par les voies matérielles du commerce, telles que celle de la Poste aux lettres, &c.

Si de Lamarche n'étoit pas aussi ignorant sur les matières commerciales, que nous le parurent toujours & l'agioteur Clavière, & ses deux amis ...... le journaliste & le jurisconsulte ...... de Lamarche sauroit que lorsqu'un Anglois de Londres, faute de pouvoir, ou de vouloir tirer sur Édimbourg, a envie de transmettre un effet de banque à quelqu'un de cette place, il va, pour éviter toute possibilité de brigandage de la part des Postes &c., convertir ses *Bank-Notes* en *Post-Bills*; & que non seulement ces derniers sont numérotés, timbrés, vérifiables sur leurs propres doubles enregistrés, mais assujettis à ordres ou endossemens successifs.

Voilà avec quelles précautions rassurantes en agit la banque Britannique. Mais, ces moyens de rapporter toutes les précautions praticables à consolider, dans la circulation, & le crédit moral & le crédit matériel d'un signe de valeur, peuvent, ou être échappés, ou avoir été éludés par un Genevois, qui, de préférence & pour causes vraisemblablement connues de lui, prépose à ses opérations des de Lamarche, & se coalise avec des faux Docteurs.

Mais, abandonnons des reproches qu'il est peut-être fatigant de nous voir répéter, & qu'il est certainement fastidieux pour nous même d'être obligé de réitérer après l'agiotage dont les assignats - Clavière ont été la matière & le moyen.

Traçons sévèrement à Larcher & consors la voie que nous estimons pouvoir, avec succès, être suivie par eux pour parvenir, d'une part, à mettre un Ministre, sans vues, sans talens & sans scrupule, & des agens dont le néant moral & politique correspond au sien propre, hors de toute faculté d'agir, d'après des desseins que toute leur conduite donne à pressentir, & pour pouvoir d'une autre part, obtenir raison de l'espèce sistématique de spoliation d'emploi qu'ils viennent d'éprouver. Nous estimons, 1°. que Larcher & consors ne peuvent ni ne doivent, qu'autant que les évènemens les y réduiront, envisager la Convention nationale, comme une Oligarchie, qui, satisfaite de dominer les Ministres & les agens de ces derniers, leur abondonneroit la prérogative de planer impunément au dessus de l'anarchie malheureuse, qui n'a lieu en France, que parceque régénérée à la liberté, la Nation ignore encore les moyens de l'exercice pratique de sa souverainneté.

Larcher, en mettant tout au pire, auroit droit d'attribuer cette intention d'Oligarchie au seul Comité des Assignas : car c'est celui-ci qui tarde à présenter, dans tous ses rapports, & dans toute sa latitude, à la Convention dont il est *ad hoc* le délégué & le commissaire, une affaire d'une importance aussi majeure.

En de semblables conjonctures, qui sont du fait de ce Comité, nous estimons que Larcher & consors doivent recourir à la Convention, par voie de dénonciation contre Clavière qui inventa les Assignats en dénaturant un excellent plan de *Banque territoriale,* contre Clavière qui d'abord, n'osa proposer les Assignats qu'*à ordre*, & qui depuis induisit les législateurs à la suppression du Numérotage & de la signature sur les Assignats, mais qui l'á même provoqué par le ministère de de Lamarche.

Si, contre toute vraisemblance, la Convention Nationale venoit à souffrir plus long-tems que son Comité des Assignats gardât un silence dangereux; ce seroit alors à la Nation que Larcher & consors devroient traduire ce Comité, & ceux dont la collusion passive ou active favoriseroit sa périlleuse stupeur. Quant à de Lamarche, ses outrages & la manière dont il a nui à Larcher & consors, sont du ressort des Tribunaux, & nous aimons à penser que la partialité interessée de ceux-ci a pris fin en même tems que l'influence des Rois.

Fait à Paris, ce 29 Décembre 1792, l'an premier de la République Française.

J. RUTLEDGE.

De l'Imp. de MAYER & Compagnie, rue St. Martin, N°. 219, presque vis-à-vis la rue Maubuée.

www.ingramcontent.com/pod-product-compliance
Lightning Source LLC
LaVergne TN
LVHW010258230826
846091LV00007B/3046

* 9 7 8 2 0 1 3 4 5 5 4 5 9 *